INVENTAIRE ANALYTIQUE

DES TITRES

DES PRIEURÉS DE MARMOUTIER

SITUÉS

DANS L'ÉVÊCHÉ DE NANTES.

L'abbaye de Marmoutier avait dans l'ancien évêché de Nantes dix prieurés, savoir : Beré, Châteauceaux, Douge, Liré, Machecoul, Nantes (Sainte-Croix de), Nort, le Pellerin, Pontchâteau et Varade. Châteauceaux, ou (suivant l'orthographe qui a officiellement prévalu contre l'étymologie et la logique) *Champtoceaux* et Liré, (quoique compris avant 1789 dans le diocèse de Nantes), appartenaient à l'Anjou et sont aujourd'hui dans le département de Maine-et-Loire. Une partie des titres de Liré est cependant venue de Nantes ; mais tous ceux de Châteauceaux sont allés à Angers. Les prieurés de Marmoutier ont donc fourni aux Archives départementales de la Loire-Inférieure neuf fonds distincts, peu considérables si l'on ne regarde qu'au nombre des pièces, mais des plus importants pour l'histoire, puisqu'ils contiennent justement les titres les plus anciens et les plus remarquables sous le rapport de la beauté et de la bonne conservation, que possède présentement le dépôt de la Préfecture de Nantes.

PRIEURÉ DE SAINT-SAUVEUR DE BERÉ.

Dans la première moitié du xie siècle, Brient Ier, seigneur de Châteaubriant et Innoguent sa mère, voulant édifier à peu de distance de leur château, mais de l'autre côté de la Chère, une église et un petit monastère, envoyèrent demander à Cavallon, abbé de Saint-Sauveur de Redon, un moine qui pût diriger l'entreprise. Ce moine n'ayant pas réussi au gré d'Innoguent, cette dame en fit venir, de l'abbaye de Saint-Melaine de Rennes, un autre qui n'obtint pas un meilleur succès. Alors Brient et Innoguent donnèrent le lieu de Beré et ses dépendances à l'abbé de Marmoutier, Albert, qui satisfit enfin convenablement au désir des donateurs par la construction de l'église et du prieuré. Tous ces faits durent avoir lieu de 1030 environ à 1050. Car l'abbé Cavallon se démit du gouvernement de Redon en 1041 ; Albert prit celui de Marmoutier en 1037 ; et enfin en 1050 Airard, évêque de Nantes, confirma aux moines la possession de ce lieu de Beré, où ils avaient déjà, dit-il, construit une église (D. Morice, *Preuves*, I, 402).

Parmi les biens qui furent donnés à l'abbaye de Marmoutier avec Beré, et comme dépendants de ce lieu, la charte de Brient nomme, entre autres, une charruée de terre sise à Beré même, deux métairies en Piré, la dîme de l'église de Saint-Aubin (du Pavail) située, dit l'acte, dans ce même territoire de Piré, une masure (*mansura*) en Bain, la dîme de toutes les coutumes des foires et marchés de Châteaubriant, tous les revenus de la foire de Saint-Hilaire, etc. (D. Mor. *Pr.* I, 401).

Peu après, Brient donna aux moines de Beré l'église paroissiale de Saint-Pierre de Piré avec tous les droits ecclésiastiques (Id. *ibid.* 695), et Gautier de Métal la chapelle du Boistrudan en Piré (Bibl. Imp. Mss. lat. *Cart. Maj. Mon.* II, p.).

Mais les moines de Marmoutier ne jouirent pas d'abord tranquillement de tous ces dons. Les moines de Redon vinrent prétendre que Beré leur ayant été donné en premier lieu, la donation faite ensuite à Marmoutier devait être annulée et le monastère leur revenir. Cette cause fut débattue le 9 février et le 29 juin 1062 devant l'évêque de Nantes, juge naturel. Brient était déjà mort ; mais sa mère

Innoguent, encore vivante, affirma par serment que, s'il était vrai qu'elle eût appelé successivement, pour bâtir le monastère de Beré, des moines de Redon, de Saint-Melaine et de Marmoutier, elle n'avait fait de donation qu'à ces derniers. L'abbé de Redon n'ayant pu produire au contraire ni titre ni témoin, fut débouté de sa demande par l'évêque, mais en appela au pape, en même temps qu'il se faisait soutenir, à prix d'argent, par un seigneur du nom de Tehaide (*Tehaidus*), que je pense être le même qu'un fils de Brient Ier appelé ailleurs Tehaire (*Teherius*), et qui avait dans son fief le lieu où se trouvait bâti le prieuré de Beré. Le pape condamna itérativement l'abbé de Redon et ordonna à Tehaide de rendre Beré à Marmoutier. Puis, sur leur refus de se soumettre à sa décision, il les excommunia. Tehaide s'en effraya et ne persévéra dans sa résistance que sur la promesse de l'abbé de Redon de le faire absoudre. Au lieu de l'absolution, vint une sentence d'excommunication définitive : cette fois Tehaide céda, et les moines de Marmoutier furent réintégrés. Ceux de Redon, ainsi battus de tous côtés, ne cessèrent néanmoins de renouveler leurs chicanes jusqu'à l'année 1107, que Gérard, évêque d'Angoulème et légat au saint-siége, tenant un concile à Nantes, ménagea un accord définitif entre les deux abbayes. Redon renonça définitivement à toute prétention, et Marmoutier lui céda la partie de l'île d'Her qui dépendait du prieuré de Donje (D. Mor. *Pr.* I, 421).

Ce long procès ne mit point obstacle aux libéralités des seigneurs voisins envers les moines de Beré. Hervé de Rougé et Main ou Mainon, son frère, lui donnèrent celui-ci une métairie en Ercé, au lieu de la Chapelle, celui-là une borderie ou bordage (*bordagium*) en Piré (Id. *ibid.*, 695) : et cela avant la fin du xie siècle. Vers la même époque, Raoul, fils d'Abelin de Janzé, donna aussi à l'abbaye de Marmoutier l'église de Saint-Martin de Janzé, une maison près de cette église, des terres considérables en et hors le bourg, un moulin, etc. (Id. *ibid.*, 695, et ci-dessous Liasse Ire, n° 6). Cette donation paraît avoir fourni le noyau principal de cette réunion de biens qui, sous le nom d'annexe de la Franceule, resta jusqu'en 1789 un membre dépendant du prieuré de Beré. La terre de la Franceule (en Janzé) n'est point nommée cependant dans la notice des dons de Raoul de Janzé. Il n'en est pas moins sûr que les moines de Beré la possédaient dès le commencement du xiie siècle, puisqu'en 1123 Étienne et Hervé de la Guerche renoncèrent à toute prétention sur une masure de terre possédée par les religieux de Marmoutier résidant à la Franceule (ci-dessous, Liasse Ire, 9).

Dans le courant du XIIe siècle, Aufroi de Sion voulut aussi avoir près de chez lui un moine de Beré, pour desservir la chapelle qu'il se proposait de construire en l'honneur de la sainte Vierge et de saint Jacques (ci-dessous, Liasse Ire, 15); et en 1248 un autre Aufroi de Sion, descendant du premier, ayant fondé et doté libéralement près de son château de Damenèche ou Domenèche (dont les ruines se voient encore en la forêt de ce nom, paroisse de Lusanger), une autre chapellenie, la donna à Marmoutier, sous la condition que cette abbaye la ferait desservir par un moine établi sur le lieu même, ou résidant avec un autre moine, « dans le prieuré de Sion » (ci-dessous, Liasse Ire, 26).

Les chartes de Beré nous font connaître, en ce lieu et à Châteaubriant, l'existence ancienne de cinq églises, avant le XIIIe siècle. C'étaient: 1° la chapelle propre du prieuré ou église Saint-Sauveur, 2° Saint-Jean de Beré, 3° Saint-Pierre de Beré, 4° Notre-Dame de Châteaubriant, et 5° Saint-Nicolas de Châteaubriant. Deux seulement de ces églises étaient paroissiales, Saint-Jean et Saint-Pierre ; mais cette dernière étant fort petite et n'ayant plus que treize paroissiens, la paroisse fut supprimée et réunie à Saint-Jean en l'an 1252 (ci-dessous, Liasse Ire, 27). Notre-Dame était, je crois, la chapelle primitive du château (Ibid., 11), et Saint-Nicolas, qui ne fut jusqu'en 1789 qu'une simple chapelle dépendante de Saint-Jean, est aujourd'hui la paroisse de la ville : on la trouve déjà mentionnée avec quelque détail dans un acte de 1197 (Ibid., 17).

Notons aussi que, dès le XIIIe siècle, Châteaubriant avait des écoles dont le maître devait être nommé en commun par le prieur de Saint-Sauveur et le curé de Saint-Jean de Beré (Ibid., 27).

Suivant le livre des prieurés de Marmoutier, écrit en 1587, le prieuré de Beré était pour sept moines, dont un prieur. Il devait chaque année à la mense de l'abbaye-mère 15 livres tournois, 48 sous aux offices claustraux, et 16 livres 9 sous pour l'entretien des moines de Marmoutier qui allaient étudier à Paris. Du prieuré dépendaient les cures de Sion, de Janzé, de Saint-Aubin (du Pavail) et celle de Piré avec la chapelle de Boistrudan ; les trois dernières à cause du membre de la Franceule (Bibl. Imp. Mss. lat. Cart. Maj. Mon. III, 359). Le prieur avait aussi en l'église Saint-Jean de Beré certains droits utiles ou honorifiques, qui donnèrent lieu à plusieurs contestations suivies d'accords, du XIIe jusqu'au XVIIe siècle (ci-dessous, Liasse Ire, 12, 17, 18; Liasse V, cotes X 4 et C 2).

Quant au temporel du prieuré, il était disséminé dans un assez grand nombre de paroisses, sous la mouvance de plusieurs seigneuries, savoir le comté ou domaine ducal de Rennes, la baronnie de Châteaubriant, la châtellenie de Piré et la seigneurie du Désert en Janzé.

Du Duc et ensuite du Roi, à cause du domaine de Rennes, relevaient la terre de la Franceule en Janzé, les fiefs et rentes que possédait le prieuré en la paroisse de Janzé aux masures du Bréil, de la Hallerie, de la Bournichaie, des Thebregières et de la Rongeraie; en Piré aux masures de la Chaterie, du Plessix-Rabelays, de la Couture, de l'Oliverie, de Crevain, de la Hurelière et du bourg de Piré; tout ce qu'il avait en Saint-Aubin du Pavail; la métairie du Fail en la paroisse du Teil; et encore les dîmes et portions de dîme que prenait le prieur aux quatre paroisses susdites et en celles d'Essé, Retiers, Bain et Messac (Arch. dép. de la Loire-Inférieure, fonds de Beré, Liasse III, pièces cotées D 3 et F 3).

Du seigneur de Piré le prieur de Beré et la Franceule tenait, en la paroisse de Piré, la métairie de la Poitevinière, celle de la Moinerie ou Monnerie près la chapelle du Boistrudan, et de plus tous les fiefs et rentes qu'il avait aux masures de la chapelle du Boistrudan, de l'Asnerie, de la Cusconnière, de l'Etrangère, de Monmelloux, de la Rivière, de l'Engaigé, de la Visseulle, de Segrée et de la Paitière ou Pentière (*Ibid.*, G 3 et F 3).

De la châtellenie du Désert à Janzé, relevait la métairie de Villeraud et tout ce que le prieur de Beré avait de fiefs et rentes en la masure du même nom et celle de la Godefrière, le tout paroisse de Janzé (*Ibid.*, O 3).

Enfin sous la baronnie de Châteaubriant étaient les bâtiments, église et pourpris du prieuré, et, entre autres possessions, les métairies de la Grange, de la Goupillère et de la Rousselière en Beré; près le cimetière de Beré, le champ de foire appelé champ Saint-Père en 1543 où se tenait la foire Sainte-Croix dont les redevances appartenaient aux moines, et enfin le fief de Beré s'étendant par endroits dans les trois paroisses de Beré, Rougé, Erbrai (*Ibid.*, Q 4).

Le prieur de Beré avait sur tous ses vassaux haute, basse et moyenne justice, avec tous les droits qui étaient en Bretagne l'attribut ordinaire du seigneur justicier.

La commende s'était introduite dans le prieuré de Beré dès la première moitié du XVI° siècle (Fonds de Beré, Liasse IV, pièce cotée L 2). Cependant en 1586 il y avait encore cinq religieux dans le prieuré, et la discipline y était, semble-t-il, régulièrement observée (Ibid., Liasse V, pièce X 1). Mais bientôt les usurpations et les abus des prieurs commendataires réduisirent la mense conventuelle à ce point, qu'il devint impossible d'entretenir dans le prieuré un nombre de moines suffisant, et de conserver les bâtiments en état. Dès lors la discipline fut anéantie, le désordre une fois introduit ne fit que s'accroître, et la réforme de Saint-Maur elle-même, après qu'elle eut été introduite dans l'abbaye de Marmoutier, ne put parvenir à le réprimer. C'est pourquoi l'abbé de Marmoutier et le supérieur de la Congrégation de Saint-Maur consentirent très-facilement à céder, sous des conditions peu onéreuses, la propriété de l'église et des bâtiments de Saint-Sauveur de Beré aux religieuses Ursulines de Châteaubriant, qui passèrent traité pour cet objet avec les RR. PP. Bénédictins en 1654 et en 1655 (Fonds de Beré, Liasse IV, pièces R 2, D 3). Depuis cette époque, les prieurs commendataires, quand ils voulurent résider dans leur bénéfice, habitèrent la maison de la Francenle ; pendant que les débris de la mense conventuelle allaient augmenter le revenu des autres monastères de la Congrégation de Saint-Maur où était rétablie la discipline.

Je me suis un peu étendu sur le prieuré de Beré, parce qu'il est certainement le plus important de ceux qu'a possédés Marmoutier dans le diocèse de Nantes. Les autres nous occuperont moins longtemps.

<h3 style="text-align:center">TITRES DU PRIEURÉ DE BERÉ.</h3>

Le fonds du prieuré de Beré se compose d'onze liasses et d'un volume d'inventaire.

<h3 style="text-align:center">Inventaire.</h3>

C'est un volume in-folio en papier, qui semble avoir été écrit vers le milieu du XVIII° siècle.

Les pièces analysées dans cet inventaire y sont réparties en cinq chapitres, savoir : Chap. Ier. Baux à ferme ; — chap. II. Domaine, *justice, etc.;* — chap. III. *Baux à perpetuité et titres de rente;* — chap. IV. *Dîmes, droits honorifiques, etc.;* — chap. V. *Déclarations et aveux* rendus au prieur de Beré par ses vassaux. Ce dernier chapitre se divise en huit articles ou sections, dont chacune n'est pas moins considérable que chacun des quatre premier. chapitres.

Dans chaque chapitre et dans chaque section du chapitre V, les pièces sont cotées par les lettres de l'alphabet accompagnées de chiffres, pour distinguer les alphabets successifs, chacun de 22 lettres, parce qu'on n'y emploie ni J, ni K, ni U. Ainsi les 22 premières pièces vont de A 1 à Z 1, les 22 suivantes de A 2 à Z 2, et ainsi de suite.

Les analyses de cet inventaire sont généralement bien faites et assez complètes, du moins pour les titres qui pouvaient servir à défendre les droits utiles et les intérêts pécuniaires du prieuré. Les actes les plus anciens, qui n'avaient plus au XVIII° siècle qu'un intérêt historique, ont été, au contraire, très-négligés. Il semble toutefois que depuis la rédaction de l'inventaire, mais avant 1789, on avait eu le dessein d'en faire une section à part, puisqu'on en avait réuni les titres dans un petit catalogue séparé, mis en tête de l'inventaire général, et lui-même intitulé : *Inventaire des chartres contenant la fondation, donations, privilèges et immunités du prieuré de Beré.*

Cette disposition a été conservée, et toutes les chartes antérieures à l'an 1300 sont réunies aujourd'hui dans une liasse particulière, la première du fonds. L'analyse de ces titres, intéressants pour l'histoire, étant très-insuffisante, j'ai cru devoir reprendre cette partie du travail, comme on le verra ci-dessous.

Du reste, les archives départementales ont conservé la moitié à peine du total des pièces analysées dans l'ancien inventaire ; ainsi, par exemple, des huit sections qui formaient le chap. V, il n'en reste que deux. Les articles dont on a pu constater l'absence ont été indiqués par un M en marge de l'inventaire.

Cet inventaire est fait en double.

Liasse première.

On y a réuni toutes les pièces du fonds de Beré antérieures à l'an 1300, dont suit l'analyse (1).

---

(1) J'ai cru qu'il était utile d'indiquer celles de ces pièces qui ont été publiées

1.

XIe Siècle, avant 1050. — Charte de Brient, seigneur de Château-briant. Il donne à l'abbaye de Marmoutier un lieu appelé Beré, dédié sous le vocable de Saint-Sauveur, avec toutes ses dépendances : *Quendam locum mei juris*, dit-il, *qui vocatur Bairiacus, in honore S. Salvatoris constructum, cùm omnibus sibi subjectis rebus.* Brient déclare faire cette donation *quatinus ego et pater meus Teuharius et mater mea Ignoguent, filii quoque mei Guaffridus et Tev harius, nec non et conjux mea Aldelendis eorum (i. e. monacho-ru n Majoris Monasterii) orationibus adjuti, omnium illorum qui ʼemosinis divinæ Majestati placuerint, mereamur adjungi consortio.* On voit par là que le père de Brient s'appelait Teuhaire (*Teuharius*) et non Tibe..., comme les Bénédictins l'ont imprimé dans l'extrait d'une autre charte (D. Mor. *Pr.* I, 402). A la souscription, la femme de Brient est appelée *Hildelendis.* Cette donation fut faite sous l'abbé Albert, et avant 1050, puisque, cette année-là, Airard en la confirmant insinue qu'elle date du temps de ses prédécesseurs et que les moines de Marmoutier ont déjà bâti une église au lieu de Beré (D. Mor. *Pr.* I, 402). Cette charte porte la croix autographe du donateur. — *Orig. parch.*

Nota. Outre cette lettre de fondation, on en rédigea peu après une autre, que nous n'avons plus, mais qui a été imprimée en entier par Du Paz (*Hist. généal.* pp. 4 *b*-6 *b*) et en extrait par D. Morice (*Preuves*, I, 401) ; elle contient de plus que la nôtre l'énumération des biens donnés à Marmoutier comme dépendances de Beré, et de moins, la clause dont j'ai rapporté le texte ci-dessus, où est nommé *Teuharius,* père de Brient.

2.

XIe S. 1040-1066. — Notice relatant que Conan II duc de Bretagne (¹) donna à Marmoutier toutes les coutumes qu'il avait droit de lever à Piré sur une certaine terre dépendant de cette abbaye ; il

---

en tout ou partie par D. Morice dans les *Preuves de l'histoire de Bretagne ;* quand le tout ou la plus grande partie de la pièce a été donnée , j'emploie le mot *Impr.* (imprimé), et le mot *Extr.* (extrait) quand il n'y a qu'un court extrait.

(1) Il succéda à son père Alain III en 1040 et mourut en 1066.

reçut en reconnaissance une somme de 6 l. ; et Cario fils de Caradoc, ayant reçu de son côté 5 s., renonça au tonlieu (*teloneum*) qu'il levait en cette même terre. — *Orig. parch. détérioré par l'humidité.*

3.

XI° S. — Notice relatant que Fromond Frasier (*Frotmundum quendam qui dicebatur Fraserius*) donna à Saint-Sauveur de Beré, audit lieu de Beré, la sixième partie des droits ecclésiastiques qu'il avait en l'autel de Saint-Jean et un bordage de la terre Bernouin (*unum bordagium terrae Bernuini*). — *Orig. parch.*

4.

XI° S. — Notice relatant qu'Isaac de Beré (*Isahac de Bairiaco*) donna au prieuré de Saint-Sauveur dudit lieu, quatre arpents (*jugera*) de terre situés *apud villam ipsius Isahac juxta terram Aremberti*, et renonça au droit qu'il prétendait sur quatre autres. — *Orig. parch.*

5.

XI° S. — Notice. Chauvi, fils de Giquel, et Rivaud, son frère (*Calvicum filium Judicaelis et Rivaldum fratrem ejus*), vendirent, pour 35 sous, au prieuré de Saint-Sauveur de Beré une terre sise contre l'église dudit lieu, et qui devait contenir une demi-mesure (*dimidia mansura*); mais comme il fut prouvé qu'elle contenait moins, les moines s'adressèrent à Aufroi (*Alfredus*) seigneur du lieu, en le priant d'autoriser la vente et d'obliger les vendeurs à compléter cette demi-mesure. Ce qu'ils firent en ajoutant à la terre vendue celle qu'avait possédée Lambert le tessier. Et sur cette demi-mesure il était dû à Aufroi 12 deniers de cens annuel. — *Orig. parch.*

6.

XI° S. — Notice relatant que Raoul, fils d'Abelin de Janzé, du consentement de ses propres fils, Geoffroi et Sevestre (*Silvester*), donna à Marmoutier l'église de Saint-Martin de Janzé, la maison qu'il avait vis-à-vis cette église, trois hôtes (*hospites*) à Janzé, autant de terrain qu'il leur en faudrait pour une grange et un verger, la terre de Villerand (*terra Killa Raaldi*), celle du Saule et le moulin de Néron, quatre seterées de terre proche le cimetière, de l'argent pour faire un calice et une croix d'or et d'argent. — *Orig. parch. Il y a une copie de cette pièce au n° 10.*

Impr. D. Mor, *Pr. I,* 695.

7.

XII° S., vers 1107-1110. — Chirographe contenant l'accord définitif entre les abbayes de Marmoutier et de Redon au sujet de Beré, que la dernière réclamait sur l'autre. Redon renonce à ses droits, et Marmoutier lui cède toute la partie de l'Ile d'Her (*insula Areae*) qui dépendait du prieuré de Donge. Cet accord fut conclu à Nantes, dans le temps que Gérard, évêque d'Angoulème et légat du saint-siége, y présidait un concile (¹); et à ce moment même, en témoignage de cette convention, les moines de Marmoutier donnèrent à ceux de Redon un ornement ou chapelle de prêtre du prix de 20 livres (*et capellam quandam sacerdotalem XX. libris comparatam eis pro testimonio contulerunt*). Puis ils envoyèrent quelques-uns d'entre eux à Redon, où cet accord fut confirmé en présence de Robert d'Arbrissel et de l'ermite Graphion (*presente Roberto de Arborella et Graphione heremita*). Après quoi il fut de nouveau confirmé à Marmoutier devant l'abbé de Redon et quelques-uns de ses moines, venus précisément pour cet objet. — *Orig. parch.*

Impr. dans D. Mor. *Pr. I,* 421.

7 bis.

XII° S., vers 1107-1110. — Minute ou copie contemporaine du chirographe précédent. *Parch.*

8.

1115. II° *Kal. April.* (31 mars) *luna secunda.* — Charte de Brice (*Briccius*) évêque de Nantes. Il confirme à l'abbaye de Marmoutier ses diverses possessions au diocèse de Nantes, savoir ce qu'elle avait : (²)

in Beriaco et in Sion (Beré et Sion),

(¹) Le concile se tint en 1107, selon Travers, *Hist. de Nantes,* t. I, p. 233; mais D. Lobineau et D. Morice, dans leurs Histoires de Bretagne, le mettent en 1110.

et in Pontecastello (Pontchâteau),

et in Dangiaco et Preuenquer (Donge et Prinquiau),

et in Ponsello quod dicitur Peregrinum (le Pellerin),

et Machecol (Machecoul),

et in S. Medardo de Dolon (Donlon),

et in Capélla Bassameri (la Chapelle-Bassemer),

et in Foresta (la forêt de Puzarlès, dite depuis la Magdelaine-en-Bois (paroisse de Carquefou), dépendant du prieuré de Sainte-Croix de Nantes),

et in Enort (Nort),

et Varesda (Varade).

Il est réglé que le prieuré de Beré et Sion paiera chaque année, le jour Saint-Pierre, à l'église de Nantes deux deniers d'or du poids de deux deniers mançois, et le prieuré du Pellerin, un denier d'or. — Le clerc qui a écrit cette charte l'a signée en quelque sorte, mettant son nom a la fin, un peu à part de ceux des témoins ainsi : *Bartholomeus clericus ejusdem cartis* (sic) *scriptor. — Orig. parch.* était sc.

9.

1123. — Chirographe constatant qu'Hervé et Etienne de la Guerche, pour l'amour de leur frère Girard, prêtre, et surtout de leur autre frère Guérin, moine de Marmoutier, se sont désistés des prétentions qu'ils élevaient sur une masure de terre possédée par les religieux de cette abbaye résidant à la Franceule (*apud Franciolam*). Deux autres individus, Guérin et Bonenfant (*Bonus Infans*), qui élevaient aussi des réclamations sur le même bien, s'en désistèrent pour une somme de 30 s. une fois donnée et pour un cens annuel de 6 d. Parmi les témoins j'en remarque un qui s'appelle *Walterius Sine Manica,* Gautier *Sans-Manche* ou peut-être *Sans-Gant. — Orig. parch.*

10.

1133 et 1162. — Copie en papier, écrite au xviie siècle, de cinq pièces ou extraits de pièces, dont les trois premières sont dites avoir été prises « d'un livre en parchemin et en latin contenant 125 » feuillets, collationné par Maille notaire et secrétaire du Roy. » Je range ci-dessous ces cinq pièces par ordre chronologique ; le chiffre romain placé en tête de chaque analyse indiquera l'ordre réel que chacune des pièces occupe dans la copie (1).

V. — XI° S. Copie de la pièce inventoriée ci-dessus au n° 6.

IV. — 1333. Charte d'Hamelin, évêque de Rennes, où il confirme à Marmoutier l'église de Saint-Martin de Janzé donnée à ladite abbaye par Marbode, prédécesseur d'Hamelin. — *Cop. coll. à l'orig.*

II. — 1162. Bulle du Pape Alexandre III confirmant à l'abbaye de Marmoutier ses possessions dans le diocèse de Rennes.

I. — 1156-1166 ou 1168-1178 Charte d'Étienne, évêque de Rennes (2), où il confirme à Marmoutier ses possessions dans le diocèse de Rennes.

III. — Extrait du catalogue des bénéfices de Marmoutier dans le diocèse de Nantes, concernant Beré.

11.

1142-1147. — Charte d'Itier, évêque de Nantes (de 1142 à 1147). Du consentement de l'archidiacre Normand et du doyen Isaur (*Isaurus*), il donne à Guérin, abbé de Marmoutier, et à son abbaye la chapellerie (3) de l'église Notre-Dame de Châteaubriant (*capellaniam ecclesie S. Marie de Castello Brient*), à condition que les moines établis en ce lieu paieront à l'église de Nantes, le jour de Saint-Pierre, un cens annuel de 6 deniers angevins. Geoffroi, seigneur de Châteaubriant, avait remis préalablement aux mains de l'évêque tout le droit qu'il pouvait avoir en ladite église. Parmi les témoins, un Geoffroi *Bevin*. — *Orig. parch. était sc.*

12.

1147-1170. — Charte de Bernard, évêque de Nantes (de 1147 à 1170), où, sur le différend mû touchant les droits de sépulture entre les moines de Beré et le curé de Saint-Jean (qui se nommait alors

---

(1) Cette remarque doit s'appliquer aussi aux n°° 19 et 22 du présent fonds de Beré, qui sont de même des copies de plusieurs pièces.

(2) Étienne de La Rochefoucaud a été évêque de Rennes de 1156 à 1166, et Étienne de Fougères, de 1168 à 1178.

(3) Il faut remarquer toutefois qu'au XII° siècle le mot *capellania* indique souvent la charge non seulement d'un chapelain, mais d'un curé.

Garsire *Gassirium*), il décide que, quand le curé aura pour une sépulture de 5 à 14 deniers, les moines en auront 2 1/2; ce droit leur ayant été concédé par les évêques de Nantes, prédécesseurs de Bernard, pour l'entretien du luminaire de l'église de Saint-Sauveur de Beré (qui était l'église propre du prieuré). — *Copie collationnée du 27 nov. 1649.*

13.

XII⁰ S., fin. — Charte de Geoffroi de Châteaubriant, où il notifie que Geoffroi Souvain *(Gaufredus Silvani)*, faisant moine son fils Souvain, donna au prieuré de Beré *nemus de Deserto quod apud Riné situm est, ab antiqua via de Rogé usque ad landan.* Et ce du consentement d'Agnès, femme dudit Souvain ; de Hervé Richard *(Herveus Ricardi)*, Gautier et Jean, ses fils ; de ses frères Guillaume Souvain et Hervé Souvain *(Guillelmus, Herveus Silvani)*. Parmi les témoins Geoffroi de Lamballe, prieur de Beré. — *Orig. parch. était sc.*

14.

XII⁰ S., fin. — Charte d'accord entre Philippe de Châteaugiron et les moines de Beré. Ledit Philippe prétendant, malgré les moines, avoir l'avenage de leur maison de la Franceule, y avait commis de graves excès qui lui avaient valu mainte excommunication. Les deux parties convinrent de s'en rapporter au témoignage de trois hommes de la Franceule. Lesquels jurèrent que ni Philippe ni personne n'avait droit à l'avenage, si ce n'est l'aîné d'Amanlis pour la garde et la communauté qu'il avait en ladite terre *(preter primogenitum de Amanliis, qui primogenitus pro custodia et communitate terre sue avenagium annuatim accipiebat).* Philippe, en conséquence, renonça à ses prétentions par la remise d'un livre des collectes sur l'autel de Saint-Pierre, et il eut, en charité, d'Alain, prieur de Beré, une somme de 60 sous. Parmi les témoins Jean, Païen et Hervé *Agullon*; Alain de Châteaugiron *(de Castro Gilonis)*, Geoffroi de Janzé *(de Jaanzé)*, Geoffroi de Nouvoitou *(de Nouestol)*. — *Orig. parch. était sc. de 2 sceaux.*

Nota. Cette charte et la précédente font voir que les noms patronymiques, même ceux qui venaient de quelque sobriquet (car ceux tirés des noms de terres sont les plus anciens), étaient déjà fort usités en Bretagne dans le courant du XIIe siècle. Ainsi ce n° 14 nous offre trois témoins portant tous le surnom d'*Aguillon* ou *Aiguillon*, et nous verrons encore ci-dessous, au n° 16, un Raoul *Aiguillon* du même pays et très-probablement de la même famille. Dans le n° 13 nous rencontrons un Geoffroi *Souvain*, dont les deux frères et au moins l'un des fils avaient le même surnom ; on doit croire qu'il appartenait aussi à deux autres fils (Gautier et Jean), dont le surnom n'est point explicitement indiqué. Mais, comme pour montrer que cette transmission héréditaire des noms patronymiques n'était point encore d'un usage universel, il y a un quatrième fils, Hervé, qui, au lieu de porter le surnom de Souvain, a celui de Richard, *Herveus Ricardi*.

15.

XII° S., fin. — Charte d'Aufroi de Sion (*Aufredus de Syon*), où il donne à Marmoutier la maison et la vigne au Prêtre (*domum et vineam Sacerdotis*), plus 4 sous de rente, à condition que le prieuré de Beré enverra à Sion l'un de ses moines célébrer l'office divin pour les bienfaiteurs dans la chapelle qui sera construite (*in capella que construetur*) en l'honneur de la sainte Vierge et de saint Jacques. — *Orig. parch. était sc.*

Extr. D. Mor. *Pr.* I, 940.

16.

1195. — Chirographe. Charte de Geoffroi, abbé de Marmoutier. Il donne l'usufruit de la maison de la Franceule à un clerc nommé Païen, neveu de Geoffroi du Perré ([1]) et admis en considération de ce Geoffroi à la fraternité du monastère, auquel il s'était d'ailleurs donné soi et ses biens. Ledit Païen acquittera de toutes charges la terre de la Franceule, il paiera 100 livres de pension au prieur de Beré à la Saint-Martin d'hiver, 50 à la Saint-Martin d'été ; il hébergera l'abbé de Marmoutier, le prieur de Beré et les moines de l'abbaye qui iront de ce côté. Il tiendra la maison en bon état, mais ne pourra rien engager, vendre ni aliéner de ce qui en dépend.

([1]) *Gaudrifus de Pereio.* L'ancien inventaire a traduit ce nom par Geoffroi de Piré, mais je n'admettrais pas volontiers cette traduction ; car le nom est répété plusieurs fois dans la charte et toujours écrit semblablement *Pereio*, non *Pireio*.

Dans sa vie ou à sa mort, quand il le voudra, il pourra prendre l'habit monastique et remettra au prieur de Beré tout ce qu'il possédera en ce moment. Geoffroi *de Perejo*, Raoul Aiguillon (*Aculeus*) et les frères de Païen jurèrent avec lui cette convention qui fut scellée du sceau du chapitre de Marmoutier. — *Orig. parch. était sc.*

17.

1197. — Chirographe. Charte de Philippe, abbé de Saint-Julien de Tours, et d'André, archiprêtre d'Amboise, juges donnés par le Saint-Siège pour juger en dernier ressort le procès mû entre les moines de Beré et Hilaire, curé de Saint-Jean, procès renouvelé après avoir été une première fois terminé par Robert, autrefois évêque de Nantes. Le prieur prétendait avoir le droit, 1° de célébrer l'office en l'église Saint-Jean à cinq jours de l'année (Noël, la Purifi- fication, Pâques, la Nativité de saint Jean-Baptiste et la Toussaints); 2° de prendre les deux tiers des offrandes à ces cinq jours, et en outre dans l'octave de Noël, et du Vendredi Saint au lendemain de l'octave de Pâques; 3° de prendre les deux tiers des prémices; et 4° d'avoir 2 deniers ¼ par sépulture, quand le curé en aurait au moins 5. De tout quoi le curé ne voulait laisser jouir les moines depuis dix ans. Mais enfin, il reconnut, en présence des juges ci-dessus, qu'il avait eu tort et promit de garder à l'avenir le droit des moines. De plus, comme il réclamait de ceux-ci certaines pro- curations aux octaves de Noël et de Pâques, il y renonça, sauf à celles auxquelles il avait droit les cinq jours où le prieur venait officier dans l'église Saint-Jean. Il reconnut enfin qu'aux cinq jours de fête ci-dessus nommés, il ne pouvait, sans l'assentiment du prieur, célébrer l'office en la chapelle Saint-Nicolas à Châteaubriant, vu que cette chapelle n'est qu'une fille de l'église mère de Saint-Jean (*cum et ipsa capella filia sit matricis ecclesie*); s'il l'y célèbre du consen- tement du prieur, celui-ci aura les deux tiers des offrandes faites en cette chapelle, comme de celles faites en l'église Saint-Jean. Mais au lieu de percevoir réellement les diverses portions d'offrandes aux- quelles ils avaient droit, les moines accordèrent que le curé leur paierait une pension annuelle de 40 l., payable par moitié à Noël et à Pâques; mais ils se réservèrent de reprendre directement leur part des offrandes en renonçant à la pension, si cela leur convenait, dix ans après la date de cet arrangement. — *Cop. coll. en pap. du 27 nov. 1649.*

18.

XIII° S., commencement. — Charte de R., abbé de Saint-Julien de Tours, de J., doyen de l'église de Tours, et de N., archiprêtre d'Amboise, juges donnés pour le Saint-Siége pour prononcer au procès mû entre les moines de Beré et Hilaire curé de Saint-Jean (dudit lieu de Beré).

Ils décident que les parties devront observer sans y rien changer l'accord fait entre elles par-devant Robert, jadis évêque de Nantes, Philippe, jadis évêque de Saint-Julien de Tours, et André, jadis archiprêtre d'Amboise. Ils règlent que les dîmes du chanvre, du lin, des oignons et des aulx étant de menues dîmes, il en sera disposé comme des prémices entre le curé et les moines. — *Orig. parch. était sc. de 3 sc.*

19.

XIII° S., comm. — Charte de Geoffroi Roussel, de Janzé, chevalier, où il renonce à un certain droit d'avenage, par lui prétendu sur les hommes de Marmoutier habitant à Villeraud (*apud Villam Arraudi*), et à l'occasion duquel il avait commis contre eux plusieurs excès. Ce désistement fut fait à Janzé en présence de Robert de Chantelou, sénéchal de La Guerche, dont Geoffroi Roussel emprunta le sceau pour sceller sa charte, vu qu'il n'avait point le sien. Pour reconnaître cette renonciation, Pierre prieur de Beré donna audit Roussel 45 sous tournois. — *Orig. parch. était sc.*

20.

1217. — Copie de deux pièces dont l'une, la première, est la charte de fondation de Beré inventoriée au n° 1, et la seconde suit.

II. — 1217. Charte de Geoffroi, seigneur de Châteaubriant, où il confirme à Marmoutier le lieu de Beré avec toutes ses dépendances, dont les principales sont : deux métairies à Piré et la dîme de l'église de Saint-Aubin, au même lieu, une masure (*unam masuram*) à Bain, la dîme des moulins de Châteaubriant, celle des coutumes des foires et marchés dudit lieu, les coutumes de la foire de la Saint-Hilaire. Geoffroi leur accorde le droit de moudre leur blé gratis au nouveau moulin qu'il a construit sur la Seiche, et de prendre du bois mort pour leur usage en la forêt de Juigné. — *Cop. coll. pap. du 13 juillet* 1673.

Impr. avec la date de 1218, D. Mor. *Pr.* I, 834.

21.

1232. — Charte de Guillaume de Léberte, chevalier. Il donne à Marmoutier ce que ses ancêtres et lui-même ont pu et pourraient avoir sur la maison et les hommes de la Franceule. — *Orig. parch. sc.*

22.

1240. — Charte de Jean évêque et d'Ad. archidiacre de Rennes notifiant ce qui suit. Guillaume de Fontenai *(de Fonteneio)*, chevalier, mari d'Agnès, fille de Goranton de Vitré, chevalier, prétendait que, sés ancêtres ayant donné au prieuré de Beré la maison de la Franceule, il avait droit d'exiger ce domaine le service d'ost *(exercitus)* et de juger les contredits de la cour du prieur. Mais une enquête ayant prouvé qu'il n'en était rien, Guillaume de Fontenai renonça à ces prétentions, comme à tous les autres droits qu'il pourrait, dans le présent et dans l'avenir, avoir ou prétendre sur la Franceule. Jean, prieur de Beré, est nommé dans cette charte. — *Orig. parch. était sc. de 2 sceaux sur lacs de soie rouge et blanche.*

Extr. D. Mor. *Pr.* I, 918.

23.

1243. — Charte de Pierre de Bain *(Petrus de Baym)* chevalier. Ce Pierre de Bain avait une part des coutumes de Châteaubriant, dont les moines de Beré étaient en possession de prendre la dîme, ce qu'il les empêchait de faire; de plus il prétendait avoir dans le prieuré de Beré droit de procuration ou gîte une fois de l'an, et droit de breuvage *(potura)* pour ses chevaux, toutes fois qu'il lui plaisait les y envoyer; à quoi les moines résistant, il avait, pour s'en venger, fait de grands dommages au bourg et au prieuré de Beré, ce qui lui avait valu d'être excommunié. Enfin, mieux conseillé, il rendit la dîme aux moines et reconnut n'avoir droit ni à breuvage pour ses chevaux ni à gîte ou procuration pour lui. En retour les moines le firent absoudre de l'excommunication et le tinrent quitte des dommages et des arrérages qu'il leur devait. — *Orig. parch. était sc.*

<h2 style="text-align:center">24.</h2>

1245 et 1281. — Copie en papier, écrite au XVII° siècle, des cinq pièces ci-dessous :

V. — 1197. Copie de la pièce inventoriée ci-dessus au n° 17.

III. — 1217. Copie de la pièce inventoriée au n° 20.

IV. — 1243. — Copie de la pièce inventoriée au n° 23.

I. — 1245, mars. Charte de Mathieu du Teil (*Matheus de Tilia*), sénéchal de Bonabe seigneur de Rougé, constatant que Geoffroi Leigné ou Lainé renonça au huitième qu'il réclamait en la dîme de « la Gillerrie » paroisse de Saint-Aubin, possédée par les moines de Beré : sous la condition toutefois qu'il jouirait personnellement de ce huitième jusqu'à sa mort, et que les moines lui fourniraient chaque an, trois miches (*tres panes qui miche vocantur*) et une demi-bouteille (*dimidiam lagenam*) de vin. Lui mort, le huitième de la dîme reviendrait aux moines à perpétuité, ainsi que la rente des trois miches et de la demi-bouteille de vin.

II. — 1281, mai. Charte de Geoffroi seigneur de Châteaubriant contenant l'échange suivant. Les moines de Beré cèdent audit Geoffroi leur moulin de Choisel, en la paroisse de Saint-Jean de Beré, et tout ce qu'ils avaient droit de prendre annuellement sur la cohue et la coutume de Châteaubriant et aussi sur la coutume dont jouissait Senebrin de Bain, plus leur droit d'usage en la forêt de Jnigné (*in foresta de Junegio*, ce nom paraît mal écrit).

En retour le sire de Châteaubriant donne aux moines tous ses revenus de la foire de Sainte-Croix de Beré, et les rentes suivantes qu'il avait sur les domaines du prieuré, savoir : 30 s. de *charnage* sur les hommes du prieur en la paroisse de Beré ; 40 s. sur les hommes du prieur en la paroisse de Piré, et trois prébendes (*prebendarios*) d'avoine sur la métaire de la *Paileviniere* appartenant au prieur.

Nota. Il faut rapprocher de cette charte la pièce ci-dessous inventoriée au n° 31.

Impr. D. Mor. *Pr.* I, 1059.

25.

1248, juin. — Charte d'André (III), seigneur de Vitré, notifiant ce qui suit. Les hommes de la Poitevinière, dépendant du prieuré de Beré, et ceux de Brialène, relevant du sire de Vitré, se disputaient la terre de Landelles, sise entre les deux fiefs, et que chacun d'eux voulait s'attribuer tout entière. Guillaume de Couai, chevalier, et Raoul du Mas (*do Maz*), sénéchal de Vitré, choisis pour arbitres, décidèrent que la partie de la terre de Landelles sise entre la Poitevinière et le grand chemin (*magnum chiminum*), appartiendrait aux hommes de la Poitevinière, et l'autre partie, entre le grand chemin et Brialène, à ceux de Brialène, à charge par ces derniers de payer au prieur de Beré 10 sous de cens annuel à la Nativité de la Sainte Vierge. Faute de paiement audit terme, le prévôt du sire de Vitré à Bais (*prepositus meus de Bayes*, dit André de Vitré) délivrera au prieur un gage (*nanna*) pris sur les gens de Brialène jusqu'à la valeur de 10 s. et de 15 s. en outre pour l'amende. Au défaut du prévôt de Bais, le sénéchal de Vitré fera délivrer ce gage au prieur, et de plus un autre gage de 15 s. pour l'amende du prévôt, si ce dernier ne peut prouver, par serment, à Bais ou à Moulins, qu'il n'a point été suffisamment requis par le prieur. — *Orig. parch. était sc.*

26.

1248, décembre. — Charte d'Aufroi de Sion (*Aufredus de Syun*), chevalier. Il donne à la chapellenie par lui fondée près de son manoir ou hébergement de *Damenesche* (auj. Domenèche), en son fief Herbert Marie, tout le fief de l'hébergement Herbert Marie et au delà de ce fief une terre ainsi désignée : *Et terram totam ultra dictum feodum, limitatam a magna quercu ad magnam quercum, et a quercubus dictis ad publicam stratam Rubei Gerruei ;* plus, le droit d'usage en la forêt de Domenèche pour chauffage et construction ou réparation d'édifices, et le droit d'y mettre bestiaux en pâture ; plus le fief de la Coquerie, en la paroisse de Saint-Aubin des Châteaux (*S. Albini de Castris*), et celui de la *Meluchonère*, paroisse de Saint-Vincent, deux fiefs qu'Aufroi de Sion tenait de Brient Le Bœuf (*de domino Briencio Bovis*) et dont il lui devait hommage. Il donne en outre 10 s. de rente annuelle sur le fief Bochart, sur le fief Geoffroi des Landes et le moulin de Saint-Aubin ; et 10 autres sous de rente sur ses coutumes de la *Coyere* et de la *Melesardere*. Puis enfin, cette chapellenie ainsi dotée, il la donne à l'abbaye de Marmoutier, à la condition que l'office divin y sera célébré par un moine qui résidera au lieu même, ou qui demeurera avec un autre moine dans le prieuré de Sion (*in prioratu de Syun*). Aufroi fait sceller la charte de son sceau et de celui du doyen du lieu (*sigillum decani ejusdem loci*), sans doute le doyen de Châteaubriant. — *Orig. parch. était sc. de 2 sc.*

Extr. D. Mor, *Pr.* I, 940.

27.

1252 (v. s.), le vendredi après l'Épiphanie. — Charte que je suppose être de l'évêque de Nantes, parce que l'auteur de la charte dit qu'il a plusieurs fois requis le prieur de Beré de mettre un curé dans l'église Saint-Pierre de Beré : *sepius monuimus priorem de Bereio ut rectorem poneret in eadem (ecclesia S. Petri)*. Car l'auteur ne se nomme point, la pièce commence ainsi : *In nomine Patris et Filii et Spiritus Amen*, et le sceau est tombé. L'évêque, donc, notifie que, quoi qu'il eût averti plusieurs fois le prieur de Beré de mettre un curé dans l'église de Saint-Pierre dudit lieu, sise vis-à-vis (*juxta*) celle de Saint-Jean, et depuis longtemps sans pasteur, le prieur n'en avait rien fait, alléguant la pauvreté de ladite église Saint-Pierre et le petit nombre des paroissiens, qui n'étaient que treize. En conséquence, l'évêque, du consentement de l'abbé de Marmoutier, supprime la paroisse Saint-Pierre et la réunit à celle de Saint-Jean, à charge cependant au prieur d'entretenir décemment l'église Saint-Pierre. En même temps, statuant comme arbitre sur quelques différends mus entre le prieur de Beré et le curé de Saint-Jean, il décide, entre autres choses, que l'institution du maître des écoles de Châteaubriant, réclamée concurremment et exclusivement par le prieur et le curé, appartiendra à tous les deux en commun. Et s'ils ne peuvent se mettre d'accord sur la personne, l'élu du prieur gouvernera les écoles pendant deux ans, celui du curé pendant les deux années suivantes, et ainsi de suite alternativement. — *Orig. parch. était sc.*

28.

1253. — Charte de Guillaume de Coïmes, chevalier. Il donne aux moines de Beré tout ce qu'il a en la paroisse de Saint-Jean de Beré, entre le mur et le pressoir du prieuré d'un côté, et d'autre la maison et le jardin de Clément Gautier, à charge au prieur de lui fournir tous les ans, le lendemain de Noël, une miche (*micam*) et un picher (*picarium*) de vin. Frère Pierre de Cornas, prieur de Beré, est nommé dans cet acte. — *Orig. parch. était sc.*

29.

1275, juillet, le vendredi après l'octave des apôtres saint Pierre et saint Paul. — Charte de Robert, doyen de Châteaubriant. Il notifie que Pierre Lubin et Agathe, sa femme, ont fait remise au prieuré de Beré d'une rente annuelle de trois miches et trois picherées (*picariatas*) de vin, qui leur était due le lendemain de Noël sur le fief de feu Rivallon *Boileure*, de la *Clémencière*. — *Orig. parch. était sc.*

30.

1280, le mardi après la Saint-Martin d'hiver. — Charte d'Étienne, abbé de Marmoutier, contenant l'accord fait entre lui et Galeran de Châteaugiron. Ce Galeran ayant fait construire une chaussée qui nuisait grandement au moulin de la Franceule, à sa chaussée et à sa pêcherie, aux chemins et aux prés avoisinants, l'abbé de Marmoutier lui avait fait procès, pour qu'il fût condamné à la détruire. Par accord intervenu entre parties, Galeran put maintenir sa chaussée, en payant 141. de rente annuelle au prieur de Beré, et sous la condition qu'elle fût disposée de manière à ne point faire tort au moulin de la Franceule. Quant aux dommages, on convint qu'ils seraient réparés, suivant l'estimation qu'en ferait le prieur de Léhon. — *Orig. parch. était sc.*

31.

1281, mai. — Charte de Geoffroi, seigneur de Châteaubriant. Les moines de Beré avaient, par échange, transporté audit Geoffroi le moulin *de Choyssel*, en la paroisse de Châteaubriant. Or, il y avait eu précédemment, au sujet de ce moulin, procès et puis transaction entre les religieux de Beré d'une part, et d'autre madame Aliénor (*Alienordam*) et Brient de Coësmes, son fils; et la transaction portait que celle des parties qui manquerait à en observer la teneur, paierait à l'autre 20 l. monnaie. Au cas où la cession de ce moulin, faite par les moines à Geoffroi de Châteaubriant, pourrait être considérée comme une violation de cette transaction, ledit Geoffroi s'engagea à donner aux moines les 20 l. en question, et aussi à les indemniser, si par hasard il haussait la chaussée dudit moulin de manière à inonder les terres du prieuré de Beré plus qu'elles ne l'étaient jadis. — *Orig. parch. était sc.*

32.

1281, août. — Charte de Jean Iᵉʳ, duc de Bretagne, notifiant que Galeran de Châteaugiron, pour indemniser les moines de Marmoutier et le prieuré de Beré des torts causés à leur moulin de la Franceule par la chaussée de son moulin d'Amanlis (voir le nº 25), a assigné, sur le produit de ses passages et coutumes de la châtellenie de Châteaubriant, 14 l. de rente annuelle, dont 7 l. payables le lendemain de la Nativité de la Vierge, et 7 le lendemain des foires de l'Invention de la Sainte-Croix à Châteaugiron. Galeran reconnaît aussi qu'il ne pourra pêcher au-dessus des bornes marquant la fin de son étang, etc. — *Orig. parch. était sc.*

33.

1281 (v. s.), le samedi après *Invocavit me* (¹). — Charte de Robert, doyen de Châteaubriant. Il notifie que Jamet Chérel et sa femme, Simon Benoît et sa femme, ont vendu au prieur de Beré, pour la somme de 7 l., toutes les dîmes ou portions de dîme qu'ils avaient en la paroisse de Sion aux lieux ci-dessous dénommés, savoir : « en la » Mictonière, en la Sallentaie, en l'Oriodaie, et en la Chinnardaie. » — *Orig. parch. était sc.*

Pour compléter ce qui précède, je transcris ici, telles qu'elles sont dans l'inventaire manuscrit, au catalogue préliminaire dont j'ai parlé, les mentions de dix-neuf pièces antérieures au xivᵉ siècle,

----

(1) C'est le premier dimanche de carême, dont l'introït commence précisément par ces mots.

qu'on ne retrouve plus aujourd'hui dans le fonds de Beré. Je suis encore ici, autant que possible, l'ordre chronologique, fort mal observé d'ailleurs dans l'inventaire ancien.

1050. — « Chartre d'Airard, cardinal (et évêque de Nantes), confirmative de la fondation, donation, priviléges et immunités, appartenants à la chapelle de Beré. »

Impr. D. Mor. *Pr.* I, 402.

XIe S. milieu. — « Notice de donation, faitte par Briant, [1] de l'église de Saint-Pierre de Piré, en faveur des religieux de Beré, avec la dixme et la terre qu'il possedoit en cette province. Sans dabte. »

XIe S. milieu. — « Notice de donation, faitte par Briant, de terre à Château-Briant, en faveur de Saint-Sauveur dudit lieu, avec la métaierie d'Odilardus, scize à Piré. Sans dabte. »

Extr. D. Mor. *Pr.* I, 401.

1062, le 3e des calendes de juillet (29 juin). — « Notice d'accord fait entre les religieux de Marmoutiers et ceux de Rhedon, touchant le droit prétendu par ceux-çy sur Saint-Sauveur de Beré. »

Impr. D. Mor. *Pr.* I, 417 ; voy. aussi la col. 419.

1064-1084. — « Un mémorial de ce qui s'est passé à Beré du temps de Barthélémy, abbé de Marmoutiers. Sans dabte. »

XIe S. — « Autre notice de donation, faitte par Hervé de Rougé à Saint-Martin et à l'église de Saint-Sauveur de Beré, d'un bordage nommé *Telidelle*, assis à Piré. Sans dabte. »

Extr. D. Mor. *Pr.* I, 695.

XIe S. — « Autre notice de donation faitte à Saint-Martin et à l'église de Saint-Sauveur de Beré, d'une métaierie à Erçay (ou Ercé), au lieu qui s'appelle La Chapelle, par Mainon, frère d'Hervé de Rongé. Sans dabte. »

XIe S. — « Notice de donation, faite à Saint-Sauveur de Beré par Gautier de Mairal (ou Méral), de deux métairies, dont l'une est à Rougé et l'autre à Piré. Sans dabte. »

Extr. D. Mor. *Pr.* I, 695.

1129. — « Donation faitte par Jullienne de Bain, de la somme de trois livres dix sols, à condition qu'elle seroit inhumée dans la chapelle de Beré. » [2]

---

[1] Il s'agit de Brient Ier, seigneur de Châteaubriant et fondateur de Beré.

[2] D. Morice a imprimé (*Pr.* I, 834) une charte de Pierre de Bain, où il dit

1170-1184. — « Chartre confirmative de la donation faite par Geffroy de Chateau-Briant, de la chapelle de Notre-Dame dudit lieu (au temps de l'évêque Robert). Sans dabte. »

1170-1184. — « Autre chartre confirmatifve de la donation de la chapellenie de Chateaubriant en faveur des religieux de Beré, auxquels elle avoit été donnée et confirmée par Yterius, évesque de Nantes, et antérieurement par Geffroy, seigneur dudit Chateaubriant, la présente confirmation par Robert, évêque du dit Nantes. Sans dabte. »

XII° S. ? — « Donation faitte par Grégoire de Syon de la dixme de Minerel à l'église de Saint-Sauveur de Beré. Sans dabte. »

XII° S. ? — « Accord fait entre les religieux et un prêtre de Syon pour les oblations de Beré. Sans dabte. »

XII° S., fin, ou XIII° S., commencement. — « Autre accord fait entre le sieur Berault (1) et les religieux de Marmoutiers, touchant quelques contestations sur la terre de Beré. Sans dabte. »

Impr. D. Mor. *Pr. I, 777.*

1219. — « Donation faite par Guillaume de Beré (2) aux religieux

---

que sa femme Julienne, ayant été, sur son désir, inhumée en l'église de Saint-Sauveur de Beré, il a donné à ce prieuré 60 s. de rente, dont il fait assiette par le même acte. Cette charte est datée, dans D. Morice, de l'an MCXCIX (1199), et dans une copie manuscrite des Bénédictins que j'ai vue à Paris, de l'an MCCXIX (1219), qui paraît être la vraie date, altérée dans D. Morice par la transposition du second C après le premier X, ce qui donne MCXCIX au lieu de MCCXIX, et dans l'inventaire ms. de Beré, où le nombre est en chiffres arabes, par la transposition du 2 après le second 1, ce qui fait au lieu de 1219, 1129. Toutefois, n'ayant point à cet égard de certitude complète, je laisse ici subsister la date portée à l'inventaire ms.

(1) Ce Berault (en latin *Beraldus* et *Berardus*) surnommé le Vieil, est témoin dans la charte de Pierre de Bain publiée par D. Morice (*Pr. I, 834*) avec la date de 1199, mais qui est plutôt de 1219.

(2) Le rédacteur de l'inventaire paraît avoir fait ici une méprise considérable. D. Morice a en effet publié (*Pr. I, 834*) une charte de 1219, où Geoffroi III de Châteaubriant, dont le nom est indiqué seulement par son initiale (*G. dominus Castri Brientii*), donne au prieuré de Beré la moitié de son moulin appelé le Moulin-Neuf, en Piré (*medietatem molendini mei quod dicitur Molendinum Novum, in parochia de Pyré situm*). On ne peut donc douter qu'il ne s'agisse ici de la même donation. L'auteur de l'inventaire a traduit à tort l'initiale *G.* par *Guillelmus*, et comme la charte originale portait apparemment *Castri Brien.* par abréviation, il aura lu *Bereii* en place de *Brientii*; méprise assez facile à concevoir d'ailleurs si l'écriture n'était pas très-régulière.

de Marmoutier, de la moitié d'un moullin nommé le Moullin Neuf, scis à Piré. »

1232. — « Donation faitte par Guillaume Léberte de tout ce qu'il avoit à la maison de Béré. »

1240, septembre. — « Acord entre le prieur de Beré et la dame Alionardis de la Galiçonniere et Briant de Coemes son fils aîné, par lequel ils ceddent au prieur entre autres choses la dixme de son dommainne et plusieurs autres droits. »

1245, septembre. — « Requéte présentée au Pappe par Geffroy de Châteaubriand, tendante à faire exempter le prieur et prieuré de Beré, qui etoit de la fondation de ses predecesseurs, du payement de trois escus d'or, demandés par le nonce du saint Père sur le dit prieuré. »

1262. — « Accord fait entre les religieux de Marmoutiers et le prieur de Beré d'une part, et l'abbesse de Saint-Sulpice d'autre, au sujet des dixmes de Saint-Sulpice. »

Enfin Beré possédait jadis un cartulaire, dont il est juste de dire ici quelques mots. Ce manuscrit n'est point venu aux Archives départementales, et il paraît même, comme on le verra tout à l'heure, avoir été distrait dès le XVIIe siècle des archives du prieuré. Il avait été écrit au XIIIe siècle, selon l'opinion de dom Morice, plus porté cependant à rajeunir les manuscrits qu'à les vieillir, et qui, dans un *Catalogue de quelques manuscrits historiques* concernant la Bretagne, désigne celui-ci sous le titre de « *Cartularium Bairiaci prioratus Ordinis Sancti Benedicti prope Castrum Brientii, XIIIe siècle* » (1). Quelques notes manuscrites, dont je dois la communication à M. Dugast-Matifeux, me permettent d'ajouter à cette mention trop brève une petite description du cartulaire et l'indication sommaire de ce qu'il renfermait.

Les notes en question proviennent des papiers d'un certain abbé Chotard, vivant au commencement du dernier siècle, et qui, après avoir été attaché au service de la reine de Pologne, avait obtenu un canonicat à la cathédrale de Nantes, sous l'épiscopat de M. de

---

(1) Biblioth. Imp. Mss., Blancs-Manteaux, XLII, p. 318.

Tressan, c'est-à-dire de 1717 à 1723. L'un des parents de cet abbé, peut-être son père, avait été, sur la fin du xviie siècle, intendant des affaires du prince de Condé, alors seigneur de Châteaubriant; il s'appelait Jacques Chotard. C'est évidemment des papiers de ce dernier que l'abbé avait lui-même tiré ces notes, dont je transcris ici toute la partie intéressante, et suivant lesquelles le cartulaire de Beré est « Un gros livre latin, escrit sur parchemin, en
» vieilles lettres gothiques, relié en bois couvert d'un cuir noir,
» sans fin ni commencement. Au commencement duquel livre il y a
» partie d'un calendrier où sont plusieurs remarques de ce qui s'est
» fait au couvent de Saint-Sauveur de Beré, signé *Julien Daligauld*
» et *Animadab*, avec paraphe. Ensuite est la règle de Saint-Benoist,
» à la fin de laquelle sont soixante-treize chapitres sur ladite règle,
» et puis une espèce de rituel pour le prieuré de Saint-Sauveur, à
» la fin duquel est un chapitre intulé *De quibusdam consuetudi-*
» *nibus elemosinæ....*; signé, après quelqu'autres remarques,
» contenues en un feuillet, concernant ledit prieuré de Saint-Sau-
» veur de Beré, *Jean de la Couësre*, avec paraphe. Suivent immé-
» diatement après plusieurs chapitres concernant le procès entre les
» religieux de l'abbaye de Marmoutier et ceux de l'abbaye de Saint-
» Melaine (1), dont ensuit la teneur du premier : *Præceptum de*
» *ecclesia Sancti Salvatoris de Beriaco. Quisquis fidelium ardore*
» *successus, etc.* (2). Ensuite de cet acte il y en a un autre *De terra*
» *capellæ Sancti Petri.* » Et en marge de ces notes, que l'abbé
Chotard avait prises sur un extrait du cartulaire fait à la fin du xvii^e
siècle, on lit encore : « Les susdits extraits ont esté tirez et colla-
» tionnez par nous, notaires soubsignez de la baronnie de Chasteau-
» briant, sur ledit livre, à nous representé par noble homme
» Me Jacques Chotard, intendant des affaires de Mgr le Prince (de
» Condé), qui nous a déclaré l'avoir tiré du trésor (des titres) de S.
» A. S. Mgr le Prince, à Chasteaubriant. Fait à Chasteaubriant le 24

____

(1) Lisez « l'abbaye de Redon. » Il n'y a jamais eu de procès entre Marmoutier et Saint-Melaine au sujet de Beré. L'auteur des notes aura confondu *abbatia
Rotonensis* avec *abbatia Redonensis*, et pris l'abbaye de Redon (*Rotonensis*)
pour celle de Rennes (*Redonensis*), c'est-à-dire Saint-Melaine.

(2) Cet acte, dont l'abbé Chotard a copié le texte, est mot pour mot la charte
de fondation publiée par Du Paz et en partie par D. Morice, comme je l'ai dit
ci-dessus.

» novembre 1688. » Les noms des notaires manquent. Mais ce renseignement peut fournir certain secours pour retrouver le cartulaire, s'il existe encore. Il y en a quelques extraits au volume XLVII des Blancs-Manteaux.

Liasse II.

Elle répond au chapitre Ier de l'ancien inventaire, et contient les baux à ferme des divers biens du prieuré, de 1585 à 1755.

Liasse III.

Elle répond au chap. II de l'ancien inventaire, et contient les titres concernant le domaine du prieuré, ses droits de justice et de fief, de 1404 à 1727, etc. On y trouve, sous les cotes O 2, C 3, D 3, E 3, F 3, G 3, H 3, L 3, M 3, O 3, P 3, S 3, X 3, D 4, H 4, Q 4, une suite d'aveux rendus par le prieur de Beré, au duc de Bretagne et au roi de France, aux seigneurs de Châteaubriant, de Piré et du Désert, pour les diverses parties de son temporel, depuis 1408 jusqu'à 1716. L'ancien inventaire mentionne aussi sous ce chapitre les deux articles suivants :

« 1551, 1er juillet. — Inventaire des reliquaires, croix, calices, chappes et autres ornements de l'église du prieuré de Beré, fait par les notaires de Châteaubriand. Cotté N 3. »

« 1640, 28 février et 3 novembre. — Deux inventaires de l'argenterie et des ornements de la sacristie du prieuré de Beré, passez devant les notaires de la Galissonnière. Cotté Y 3. »

Malheureusement, ces inventaires, qui devaient être curieux, manquent aujourd'hui dans la liasse.

Liasse IV.

Elle répond au chap. III de l'ancien inventaire, et contient les céssions, baux perpétuels ou arrentements, et en général les titres concernant les rentes dues au prieuré. Ces pièces sont comprises entre les années 1368 et 1769.

Sous la cote L 2 est un « Registre de récepte des fruits profits et revenus du prieuré de Beré, fait par Jean Rabault, receveur audit prieuré, pour l'année 1543, » où l'on rencontre des détails qui pourraient devenir l'objet d'une curieuse comparaison avec l'état actuel. Voici, par exemple, ce que dit ce registre de la métairie de la Goupillère, près Châteaubriant :

« La mestayrie de la Goupillère me a valu (dit le comptable) et rendu pour ce dit an, par Guillaume Amyot et Jehanne Gallcier sa femme mesteyers par destroit de avoirs (¹), par une foiz 4 l. 10 s. tournois.

» Item pour une genice, quelle ay vendue 45 s., et le mesteyer en a eu une aultre.

» Item dempuys, pour une moytié de deux jeunes thoreaulx venduz 10 l. tournois, 2 s. moins, ay receu 4 l. 18 s.

» Par laine 45 livres, quelle ay vendue 30 s.

» Par moutons, deux, queulx avons euz.

» La moytié des jeune veaulx despandus ceans.

» Par chapons......

» Par poulletz, queulx ay euz, six.

» Le tout du seille (seigle) de ladite mestayrie se monte pour ceste année 136 boisseaux ; pour semences en a esté levé 24 b^x ; et en avons eu chascun 56 b^x.

» L'avoine grosse pour le tout se monte 126 b^x, grant mesure, dont a esté levé pour semences 20 b^x, et en avons eu le mesteyer et nous, chascun 53 b^x.

» L'avoine mynue de ladite mestayrie, pour le tout 57 b^x, qu'est à chascun 28 b^x ½ ; dont en ay rendu pour une moytié des semences 7 b^x ½. »

Une autre pièce importante de cette même liasse est le traité fait pour l'entrée des religieuses Ursulines dans les batiments du prieuré de Beré ; l'ancien inventaire en donne l'analyse suivante :

1654, 18 décembre, et 1655, 27 février. — « Traité fait entre les religieux de l'abbaye de Marmoutiers et les religieuses Ursulines de l'ordre de Saint-Augustin de Chateaubriand, par lequel lesdiz religieux, sous le bon plaisir de l'Evesque de Nantes, de l'abbé de ladicte abbaye et du prieur commendataire du prieuré de Saint-Sauveur de Beré, ont ceddé et delaissé à perpetuité auxdictes religieuses la propriété de l'église et de tous les lieux réguliers dudit prieuré, cour, jardin et pourpris dont jouissoient les religieux obédienciers

____

(¹) C'est-à-dire « de bestiaux »

d'iceluy prieuré, pour, par elles, y exercer leurs fonctions regulières, suivant les règles et constitutions de leur Ordre, sans que la dite cession puisse prejudicier au droit de collation appartenant audit abbé, ny aux autres droits concernant le spirituel ou temporel du dit prieuré; à la passation duquel traité intervint ledit prieur, qui, pour l'accroissement du culte divin, quitta et délaissa aussi à perpétuité aux mêmes religieuses son logis prioral dudit lieu, avec ses appartenances et dependances, pour en jouir ainsi que desdiz lieux à elles delaissez, à la réserve des droits spirituels et temporels, ensemble des droits honorifiques et de préeminence en la dite église. En la chapelle de Notre-Dame de laquelle eglise s'obligèrent les dictes religieuses, à toujours, de faire dire et célébrer tous les samedis de l'année, la messe de fondation qui s'y doit acquitter, comme aussi le service divin auquel lesdiz religieux pouvoient être obligez; d'entretenir la dite eglise, maison prioralle, cours et lieux réguliers, cy dessus à elles delaissez, de toutes réfections, reparations et ornements généralement quelsconques. Au moyen de laquelle cession le dit prieur de Beré, pour demeurer quitte et dechargé de ce qu'il était obligé de fournir annuellement auxdiz religieux obédianciers, qui demeuroient audit prieuré, a ceddé et abandonné aux religieux de Marmoutiers les métayries de la Rousselière et de la Goupillière, les terres qui étoient à la metayrie de la Grange anciennement démolie, et generalement tout le fonds de la conventualité du dit prieuré, consistant en prez, terres labourables, rentes, profits casuels, moulin à vent; les dixmes des paroisses de Saint-Jean de Béré, Rougé, Saint-Aubin des Chateaux, Herbray, la Chapelle-Glain, Noyal, Fercé, Tourie, et autres paroisses qui peuvent être des appartenances du dit prieuré, dans l'étendue de l'évesché de Nantes seulement. Lesdites cessions faites sans préjudice auxdits religieux de Marmoutiers des tables abbatiales, droits des écoliers du collège, et officiers dudit Marmoutiers. Ledit traité en parchemin, receu devant Gary et son confrère notaires à Paris, le 18 décembre 1654. Ensuitte duquel est un acte fait entre les religieux de Marmoutiers, le prieur de Béré et les religieuses, par lequel, en conséquence dudit traité, et pour raison des délaissements et cessions faits par lesdits religieux aux religieuses, elles se seroient obligées de leur payer ou plutôt fournir par chacun an, à perpétuité, le jour de Saint-Martin d'hyver, un cierge de cire blanche pesant cinq livres, pour mettre et servir à la chapelle de saint Martin de la dite abbaye. Ledit acte étant ensuitte dudit traité, dabté du 27 febvrier 1655. Ensemble une obligation souscrite par les religieuses au profit des religieux, par laquelle elles auroient promis leur payer la somme de 4000 l. en entrant en possession des lieux réguliers énoncez au traité, moyennant quoy ils se seroient obligez de satisfaire le sacristain et religieux obédienciers du dit prieuré de Béré de toutes les prétentions justes qu'ils pourroient avoir et de les placer ailleurs. Ladite obligation portant mesme datte que le traité. — Cotté R. 2. »

Voir aussi sur ce sujet la cession de l'enclos lieu et pourpris de la Grange, faite aux Ursulines par les religieux de Marmoutier, par acte du 26 décembre 1674, sous la cote D. 3.

Liasse V.

Elle répond au chap. IV de l'ancien inventaire; les pièces qu'elle contient sont relatives en général aux dîmes et aux droits honorifiques possédés par le prieuré de Beré, ainsi qu'à toutes les contestations que la possession de ces dîmes et de ces droits a pu soulever. Les pièces de cette liasse vont de 1315 à 1754.

Sous la cote S 1 figure un accord, de l'an 1315, entre l'évêque de Nantes Daniel et Jean, abbé de Marmoutier, touchant les droits de visite et de procuration des évêques de Nantes dans le prieuré de Beré. Il est réglé que, quand l'évêque ira visiter l'église paroissiale de Saint-Jean de Beré, le prieur de Saint-Sauveur sera tenu de lui payer, pour tout droit de procuration, une somme de cent sous; mais l'évêque ne pourra exiger du prieur plus d'une procuration dans l'année.

Les deux articles suivants de l'ancien inventaire me semblent aussi mériter d'être reproduits.

1586 et 1600. — « Concordat fait entre les prieur, religieux et sacristain du prieuré de Beré d'une part, et Guillaume Nicole, doyen-recteur de l'église de Saint-Jean de Beré d'autre part, au sujet des oblations de ladicte église, des dixmes, processions, prééminences, et de tous autres droits honorifiques appartenants aux dites parties dans la dite église, et des charges et devoirs dont chacunes d'elles sont tenues les unes envers les autres, le tout y détaillé et amplement spécifié par le menu. Par lequel icelles parties seroient convenues, entre autres choses, que, suivant l'ancien usage, les deux tiers de toutes les oblations appartiendroient au dit sacristain et l'autre tiers au dit recteur, qu'iceluy sacristain auroit droit de percevoir les deux tiers des laines de dixme en la dite paroisse, depuis le chemin qui conduit de Martigné à Chateaubriand et de Chateaubriand à Nantes, à main droite vers soleil couchant, et le dit recteur l'autre tiers, et qu'il auroit pareillement droit de prendre et percevoir dans l'étendue du fief du prieuré de Beré toutes les dixmes et prémices d'agneaux, laines, lins et chanvres y croissants, mesme sur la métayrie de Choisel, à l'exclusion du recteur. En parchemin, receu devant Huet, notaire à Chateaubriand, le 19 avril 1586. Ensuitte duquel concordat est une enqueste faitte le 21 desdits mois et an, à la réquisition desdites parties, devant le dit Huet notaire, de tout ce qui y est contenu ; où apert que sept personnes anciennes y denommées auroient toujours vu pratiquer et observer toutes les clauses et articles du dit concordat, au nombre de 33. Auxquels concordat et enqueste est jointe une transaction faite entre lesditz prieur, religieux et sacristain d'une part, et François Bourgillaut, doyen de Chateaubriand, recteur de la paroisse de Saint-Jean de Beré, et son vicaire d'autre part, sur le procès meu entre eux par rapport aux processions, oblations et droits honorifiques exprimez au dit concordat, par laquelle les parties, en l'expliquant et interprétant, seroient convenues que le dit sacristain ou l'un des autres religieux, seroit tenu de conduire la procession de ladite paroisse, et célébrer la grande messe en ladite église, les jours et festes de Noël, Purificacion, Pasques, la Saint-Jean Baptiste et la Toussaint, auxquels jours les dits recteur ou son vicaire serviroient de diacre, et le clerc de paroisse de sous-diacre, qu'auxditz jours, ledit sacristain prendroit les deux tiers des oblations et offrandes, mesme des deniers de la communion dudit jour de Pasques, Vendredy Saint à l'adoration de la Croix, et les autres jours ensuivants de l'octave de Pasques, seulement ; à la charge par ledit sacristain de donner le jour de Pasques à diner audit recteur ou vicaire et au dit clerc dans le prieuré, comme aussy de donner, le Vendredy Saint, à l'un des deux premiers, deux miches dudit prieuré et deux pots d'eau, à l'issue du service ; et qu'à l'égard des processions, elles se feroient suivant l'ancienne coustume. La dite transaction receue devant ledit Huet, notaire, le 15 juin 1600. Le tout en parchemin. Cotté X 1. »

XVII° S. — « Attestation donnée par les prestres et habitans de Chateaubriand, comme les matines et grandes messes étoient celebrées tous les dimanches de l'année, excepté certaines fêtes de Vierge, dans l'église de Saint-Jean de Béré, et qu'auparavant que Jean Le Noir fût doyen de Chateaubriand, lesdits habitans et paroissiens étoient processionnellement conduits par lesdits doyen et prestres, chaque premier dimanche du mois, dans l'église du prieuré de Beré, ensuitte ramenez en ladite eglise de Saint-Jean pour y entendre la grande messe. En papier, sans datte. Cotté C 2. »

Liasse VI.

Aveux et déclarations faits au prieuré de Beré de 1550 à 1560. — Cette liasse répond à la 2° section du chap. V de l'ancien inventaire.

Liasse VII.

Aveux et déclarations faits au prieuré de Beré de 1610 à 1731. — Cette liasse répond à la 2° section du chap. V de l'inventaire ancien. — Au contraire, les quatre liasses qui vont suivre sont formées pièces non portées à cet inventaire.

Liasses VIII et IX.

Aveux et déclarations faits au prieuré de Beré, rangés selon l'ordre alphabétique des noms des avouants, de 1614 à 1731.

Liasse X.

Actes de ventes, d'échanges et de partages de biens, faits par la cour et sous le fief du prieuré de Beré, de 1410 à 1686.

Liasse XI.

Pièces diverses, de 1458 à 1775, concernant, entre autres choses : Diverses rentes dues au prieuré de Beré, — les droits et les devoirs de l'office du sacriste du prieuré, — les droits des moines sur la foire Sainte-Croix, — leurs droits sur les cures et dîmes de Piré et de Janzé, — les réparations et reconstructions des bâtiments du prieuré de la Franceule, membre de Beré, au XVIII° siècle, avec un plan, — etc.

Imprimerie Guéraud, Nantes.

www.ingramcontent.com/pod-product-compliance
Ingram Content Group UK Ltd.
Pitfield, Milton Keynes, MK11 3LW, UK
UKHW021024120726
13693UKWH00005B/2194